Editorial

Para conducir un coche ¿es realmente necesario saber cómo funciona el motor? Desde luego que es interesante, a veces útil, pero de ahí a decir que es indispensable… Con la perspectiva sucede exactamente lo mismo. Si uno quiere, y sirviéndose de numerosos puntos de referencia, puede calcularlo todo al detalle y obtener resultados de una gran precisión. De lo contrario, uno se conforma con lo que de verdad resulta indispensable. **Dibujamos y nos divertimos,** cosa que tampoco tiene nada de malo. Como es de esperar, en este libro abordaremos la perspectiva en este sentido.

Esta obra dista mucho de ser un tratado exhaustivo sobre la perspectiva. No obstante, es **100 % práctico** y está destinado específicamente a personas que practican el dibujo in situ. ¡Dibujantes andantes, vamos! Sin esquemas complicados, con un poco de teoría para comprender los principios fundamentales, pero con concreciones, sobre todo: trucos y estratagemas, ejemplos abundantes y un método aplicado a varios centenares de estudiantes en prácticas de todas las edades y niveles.

Bruno Mollière

Índice

Introducción

Antes de entrar en materia (el temido asunto de la perspectiva), unos breves consejos y datos importantes.

¿Por qué empezar por la perspectiva?

El aprendizaje del dibujo pasa por el dominio de cierto número de aspectos relacionados con la observación, el gesto, la luz, el color, la profundidad, los contrastes y, desde luego, la famosa perspectiva. Construimos el armazón de nuestro dibujo fijándonos en referencias, de modo que me parece lógico invitaros a comenzar dicho aprendizaje por la perspectiva.

¿Dibujamos lo que vemos o lo que conocemos?

A lo mejor ya os habéis dado cuenta: una de las reglas de oro es dibujar lo que vemos, y no lo que conocemos. Por ejemplo: sabemos que las hojas del abeto son agujas, si bien de lejos no discernimos más que una masa de follaje, y no esas agujas propiamente. Otro ejemplo bastante habitual: encontraros dibujando los cristales de una ventana entornada aunque desde donde os encontráis no puedan verse. En el muy específico caso de la perspectiva os recomiendo que no os esforcéis en distinguir a cualquier precio si, pongamos, una línea sube o baja. **Muy a menudo, quienes lo pasan mal con la perspectiva son quienes se obstinan en buscarla a toda costa.**

Aprended las reglas de la perspectiva y aplicadlas casi con testarudez, incluso cuando el ojo os empuje a hacer lo contrario.

A propósito del dibujo a partir de fotografías

Entre el objetivo gran angular que deforma la imagen y la ausencia de una visión en tres dimensiones (anchura, altura y profundidad), dibujar a partir de fotos no ayudará en nada a la hora de aprender perspectiva. **En términos más generales, os invito de todas maneras a darle siempre prioridad al dibujo al natural,** mucho más ilustrativo e incomparablemente más satisfactorio. Cuando no os sea posible por una cuestión de tiempo, dibujad vuestra casa, cocina, salón, buhardilla, garaje...; perspectivas no faltan en ningún sitio.

Tipos de línea

Para simplificar, partamos de la idea de que existen **4 tipos de línea:** horizontales (paralelas al plano), verticales (perpendiculares al plano horizontal), oblicuas (ni paralelas ni perpendiculares al plano) y curvas. En lo relativo a la perspectiva, nos interesarán sobre todo las líneas horizontales y, en menor grado, las curvas.

A propósito de los trazos rectos

Hacer trazos bien rectos no es, ni mucho menos, lo más importante, y casi diría que mejor que no sean totalmente rectilíneos. El conjunto siempre será **más vivo,** incluso, que un trazo con regla. El único caso donde puede ser molesto un trazo un poco torcido se dará cuando dibujéis las verticales de un objeto de tamaño considerable: las paredes de un edificio, de un campanario, de un faro, etcétera. En esos casos, probad con trazos hechos de un golpe, espontáneos, y probad a cambiar la orientación del cuaderno para trabajar con más comodidad.

Boceto a doble página de la plaza Terre au Duc, en Quimper

Vista frontal

En vista frontal, es decir: cuando solo una de las caras del objeto es visible, no hay problema con la perspectiva: **todas las líneas horizontales siguen siendo horizontales.** Pero ojo: no es raro que un tema contenga a un tiempo vistas frontales y vistas de perfil. En una plaza cercada por edificios, por ejemplo, el edificio que tenemos frente a nosotros está en vista frontal, y los de los laterales, en perfil. Para cada objeto, por tanto, deberemos preguntarnos si están en vista frontal o no. En la práctica, veremos que con frecuencia una cara aparece en vista frontal cuando no lo está del todo. Es muy simple, y no ofrecerá mayor problema.

La línea del horizonte

La línea del horizonte, elemento clave
de la perspectiva, debe fijarse con cuidado.

La línea del horizonte

Toda la perspectiva descansa sobre esta línea del horizonte, también conocida como **línea a la altura de los ojos.** *Esta última denominación puede ser un poco más clara, puesto que, efectivamente, queda a la altura de los ojos.*

Encontrad vuestra línea del horizonte

Antes incluso de sacar el lápiz, haced lo siguiente: fijad vuestra línea del horizonte. Para situar esta línea horizontal, mirad al frente sin bajar los ojos. **El lugar hacia donde se oriente vuestra mirada os dará la ubicación de la línea del horizonte.** Esto quiere decir que dicha ubicación dependerá de vuestra altura y posición (de pie, sentados o tumbados). De ahí la importancia de no cambiar de posición durante la realización del boceto.

En la práctica, no es extraño que escojamos una línea ya existente. Por ejemplo, antes de convenir en que se sitúa en tal o cual borde de una ventana, tomaremos una, poco importa si no es exactamente la línea del horizonte real. Acto seguido, simplemente tendremos que adaptar nuestra perspectiva a esta elección.

Esta línea virtual nos permitirá dividir nuestro tema en dos partes: **una situada por debajo de nuestra línea del horizonte y otra situada por encima.** Por el momento, retened sencillamente la idea de que antes de trazar una línea horizontal del tema, debéis haceros sistemáticamente esta pregunta: **¿esta línea se sitúa por debajo o por encima de mi línea del horizonte?**

Parc Chazière, Lyon, Francia; grafito acuarelable

Estratagemas

Para aseguraros de que no la situáis ni demasiado alta (el caso más frecuente) ni demasiado baja, tened en cuenta esta pequeña estratagema: si veis la parte superior de un objeto (ejemplo: el marco de una ventana, de una chimenea, de una mesa, de un vaso, etc.), quiere decir que estáis bajando la mirada para verla, y por lo tanto vuestra línea del horizonte cae por encima.

Por el contrario, si veis la parte inferior de un objeto (por ejemplo: el vano donde encaja una ventana, la parte inferior de una farola), quiere decir que estáis levantando la mirada para verla, y por lo tanto vuestra línea del horizonte cae por debajo. Con un poco de suerte, acabaréis encontrando un objeto del que no veáis ni la parte superior ni la inferior; entonces estaréis situados en vuestra línea del horizonte.

En la página siguiente encontraréis el ejemplo de una escalera, donde detallo esta estratagema de la localización. Sobre el terreno, no siempre encontraréis tantos puntos de referencia, pero confío en que esto os permitirá comprender bien el truco.

Vuestro turno

Saber colocar correctamente esta línea es indispensable para la comprensión de lo que vendrá a continuación.

Comenzad por situaros en vuestro salón, sentaos orientados hacia las estanterías de libros o los muebles que podáis tener en la pared. Mantened la cabeza recta y mirad la estantería sin levantar ni bajar la mirada. Si veis la parte superior de la misma o la parte baja del lomo de un libro es que vuestra línea del horizonte cae por encima. Si, en cambio, veis la parte inferior de la estantería es que cae por debajo. Poneos en pie y repetid el ejercicio.

Lo mismo en la cocina; entre los muebles, los fogones, la mesa, la encimera y los diversos accesorios hay muchas posibilidades de que os topéis con un objeto situado en vuestra línea del horizonte. En su defecto, observad la alineación de las baldosas, que suele ser una buena referencia.

Instalaos antes de buscar vuestra línea del horizonte.

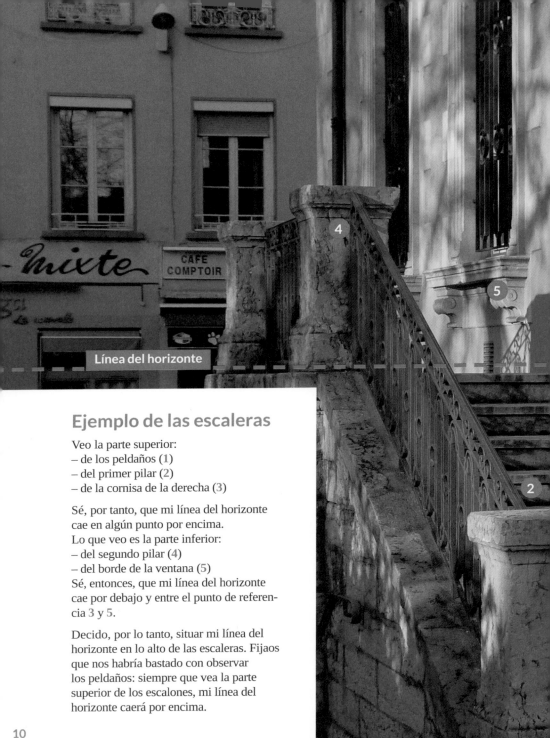

Línea del horizonte

Ejemplo de las escaleras

Veo la parte superior:
– de los peldaños (1)
– del primer pilar (2)
– de la cornisa de la derecha (3)

Sé, por tanto, que mi línea del horizonte cae en algún punto por encima.
Lo que veo es la parte inferior:
– del segundo pilar (4)
– del borde de la ventana (5)
Sé, entonces, que mi línea del horizonte cae por debajo y entre el punto de referencia 3 y 5.

Decido, por lo tanto, situar mi línea del horizonte en lo alto de las escaleras. Fijaos que nos habría bastado con observar los peldaños: siempre que vea la parte superior de los escalones, mi línea del horizonte caerá por encima.

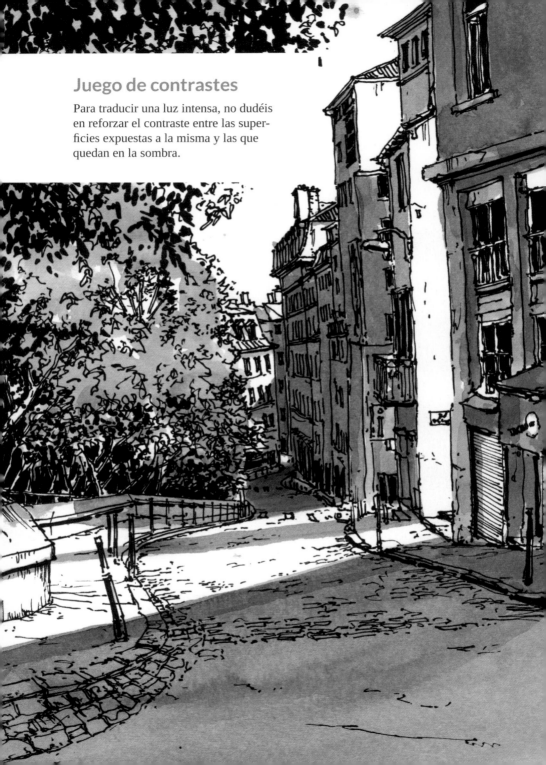

Juego de contrastes

Para traducir una luz intensa, no dudéis en reforzar el contraste entre las superficies expuestas a la misma y las que quedan en la sombra.

¿Es necesario saber con precisión dónde se sitúa la línea?

En la práctica, tal nivel de precisión depende sobre todo de la distribución del tema en relación con la línea del horizonte. Veámoslo con estas fotos.

En estas 2 fotos del río Saona, lo esencial que dibujar se sitúa por encima (1) y por debajo (2) de la línea del horizonte, respectivamente. En ambos casos nos basta con decir que la misma se encuentra por encima o por debajo de nuestro tema.

En la imagen de la izquierda (3), en cambio, nuestra línea se sitúa más o menos a media altura y tenemos, por lo tanto, cosas que dibujar por encima y por debajo. De modo que esta vez es obligado que la situemos e incluso que la tracemos a lápiz.

Pausa gráfica

Antes de seguir con este análisis de la perspectiva, detengámonos unos instantes a abordar el aspecto más interesante de nuestra actividad, es decir: el punto de vista artístico y creativo. Si diésemos carta blanca a diez dibujantes experimentados para representar el mismo tema, obtendríamos diez resultados distintos. Unos comenzarían a lápiz, luego entintarían con rotulador y terminarían con toques de acuarela. Otros sacarían los rotuladores o lápices de color y utilizarían un color distinto para cada plano. Otros trabajarían, incluso, directamente con pincel, con acuarela o tinta china. Lo que hace de la nuestra una actividad rica es, precisamente, que **hay múltiples maneras de abordar un mismo tema**. Aparte de las herramientas empleadas, también hay que contar con la forma de trabajarlas, lo que llamamos el *estilo gráfico*. Veamos varios ejemplos que, confío, os apetecerá probar.

Serie azul

El material: un rotulador relativamente denso para el trazo; un marcador gris y un rotulador con punta de pincel para las sombras o para las superficies sólidas; tinta de estilográfica azul para el cielo y para algunas fachadas (ambiente nocturno).

¿Trazo o marcador?

¿Qué dibujo es más interesante? En el de la derecha he oscurecido el segundo plano con diferentes marcadores grises; así, los árboles en blanco destacan mejor. ¿Habría sido mejor, por el contrario, oscurecer los árboles y dejar el segundo plano claro, o limitarse a la primera versión? ¿Tendría que haber sacado las acuarelas? **Solo un consejo: probad, experimentad, trabajad y pensad de distintas maneras; antes que a nadie, es a vosotros a quienes deben gustar vuestros dibujos.**

Otros estilos

A diferencia de la pintura (óleos o acrílicos), tenemos una posibilidad inusitada de jugar con una multitud de herramientas y hasta de combinarlas. Incluso una técnica como la acuarela puede usarse de diversos modos.

Rotuladores de color

Rotulador naranja y marcador gris

Boceto al lápiz acuarelado

La arista más cercana

La arista más cercana, la línea vertical donde todo comienza…

12.04.1

La arista más cercana

Se trata de un concepto tremendamente importante, ya que es por esta vertical por donde debéis comenzar vuestro dibujo sistemáticamente. Gran parte de los errores tienen que ver con el hecho de no empezar por la línea adecuada. Por lo tanto…

Edificio simple

Pongamos que nos disponemos a dibujar este edificio. No es el propósito del capítulo, pero no olvidéis que lo primero que tenemos que hacer es situar nuestra línea del horizonte. El edificio tiene 3 aristas verticales: una a la izquierda y otra a la derecha (en amarillo), y por último una en el centro (en verde). Si medimos la distancia que nos separa de estos 3 bordes, la más corta es la del centro y, por lo tanto, la que tenemos más cerca. **Primer trazo: la línea del horizonte; segundo trazo: la arista más cercana.**

Un edificio más complejo

Lo que tenemos que entender bien es que **no hay una arista más cercana por tema, sino por objeto.** En esta fotografía, si obviamos el segundo plano, observamos que el colegio se compone de 4 bloques (numerados del 1 al 4), y cada bloque tiene su arista más cercana (en verde). Para dibujar dicho tema, coloco mi línea del horizonte y me dispongo a dibujar el edificio 1 comenzando por su arista más próxima; luego el edificio 2 comenzando también por su arista más cercana, y lo mismo para el resto.

Objetos de dos aristas

El método empleado para dibujar edificios es válido también para objetos que no tienen más que 2 bordes verticales. Para dibujar esta ventana o este cartel tenemos que comenzar igualmente por la arista más cercana (en verde).

Objetos en el suelo

Aunque el objeto no tenga un grosor mayor que el de un simple folio, como en esta tapa de alcantarilla, nuestro método de construcción no varía. Siempre tenemos una arista o un vértice más próximos que los demás, y tenéis que comenzar vuestro dibujo poniendo el lápiz en ese punto.

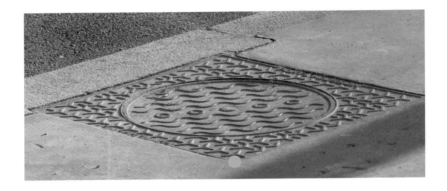

Edificios de varias caras

A veces vemos más de dos caras de un mismo edificio. Este de aquí, por ejemplo, tiene cuatro y, por lo tanto, cinco aristas: la del centro (en verde) es la más cercana. En este caso, sin embargo, si no queréis comenzar por esta, tenéis la posibilidad de invertir la perspectiva.

Formas tubulares

Los objetos de forma tubular son un tanto particulares, puesto que, aparte de los dos bordes laterales, el resto no son tan claramente identificables. Eso no quiere decir que no tengamos uno más cerca que los demás: el situado justo en el centro de este faro. No nos va a aportar nada dibujarlo, pero más adelante veremos que situarlo sí nos ayuda a comprender en qué sentido debemos orientar las curvas.

Otros objetos

Idéntico método para dibujar estas chimeneas: una por una, comenzando siempre y en todo caso por la arista más cercana.

21

Arista fuera del encuadre

Atención: con frecuencia resulta que la arista más cercana al elemento que tenemos que representar está fuera de nuestro encuadre. En la primera foto, solo la arista derecha del edificio rosa es visible. Parece lógico, entonces, escoger su arista como la más cercana; es lo que haréis en el 95 % de los casos. No obstante, como muestra la segunda foto gran angular, la arista más próxima no es la de la derecha, sino la de la izquierda. Para dibujar este edificio, deberéis imaginaros que esta es la arista más cercana y trabajar la perspectiva a partir de dicha línea. Como precisábamos más arriba, a menudo nos equivocamos con esta clase de encuadres. Así que dadle unas vueltas.

Vuestro turno

Podría poneros mil ejemplos más, enseñaros a lo mejor que la arista más cercana de una silla no es más que la cara que tenéis más cerca. **Una cosa está clara: después de la línea del horizonte, empezad siempre por la arista más próxima, objeto por objeto.** Con un poco de experiencia averiguaréis el método que más os conviene, pero por el momento aplicad este.

Idea: Dibujar en recuadros

Aún no os atrevéis a embarcaros en un gran formato. Dibujad unos recuadros de distintos tamaños bien separados entre sí y llenadlos con los temas que os llamen la atención a vuestro alrededor. Una vez terminado, trabajad los valores o los colores según lo que os inspiren.

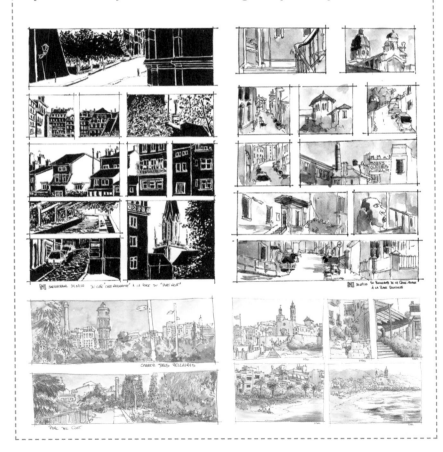

Regla número 1

Dime dónde te encuentras en relación con la línea del horizonte y te diré si subes o bajas.

Regla número 1

A partir de la arista más próxima, las líneas horizontales van planas, ascienden o descienden según su emplazamiento en relación con la línea del horizonte.

El 80 % de la perspectiva está en este sencillo esquema

Aplicad lo que se muestra en este esquema y tendréis solucionado como mínimo un 80 % de la perspectiva adecuada. El 20 % restante no carece de importancia, desde luego, pero en realidad no sirve más que para afinar la perspectiva y ser más preciso. Leed con atención este capítulo entero; volved si es necesario a las páginas dedicadas a la línea del horizonte y a la arista más cercana; después abrid vuestro cuaderno para copiar el esquema en la cubierta posterior.

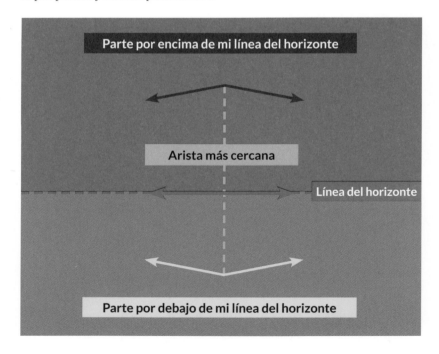

Parte por encima de mi línea del horizonte

Arista más cercana

Línea del horizonte

Parte por debajo de mi línea del horizonte

¿Qué nos explica este esquema?

■ Nuestra línea del horizonte divide el tema en dos: una parte situada por encima y otra por debajo.

■ A partir de la arista más cercana de un objeto, las líneas horizontales situadas **POR ENCIMA** de la línea del horizonte **DESCIENDEN** hacia la misma.

■ A partir de la arista más cercana de un objeto, las líneas horizontales situadas **POR DEBAJO** de la línea del horizonte **ASCIENDEN** hacia la misma.

■ Las líneas horizontales situadas exactamente a la misma altura que nuestra línea del horizonte permanecen planas.

Importante

Por lo tanto, basta con recordar que por encima las líneas descienden y que por debajo han de ascender; aun así, tenéis que partir de la arista más cercana; de lo contrario estaréis invirtiendo la perspectiva.

El secreto: prestar atención del primer al último trazo

En perspectiva, la dirección de una línea horizontal (plana, ascendente o descendente) depende únicamente de la altura de nuestra línea del horizonte. De ahí la importancia de no cambiar de posición durante el dibujo (sentado o de pie) y, sobre todo, fijarnos siempre en si la línea horizontal que vamos a trazar se sitúa por encima, por debajo o en la propia línea del horizonte.

Esta regla no plantea complicación alguna. Basta pensárselo, es decir: hay que estar atentos. Paraos a observar a un dibujante a la hora de abordar una escena urbana y veréis hasta qué punto está concentrado en su cometido. Así que no os sorprenda acabar un poco fatigados tras una jornada de bocetos arquitectónicos, con más razón si estáis empezando. No perdáis la paciencia si no sale bien a la primera. Nos sucede a todos, es bien sabido: hay días buenos y días malos. Escoged hoy un tema más libre: un árbol, por ejemplo, o algunos personajes; para mejorar no importa demasiado el tema: lo importante es dibujar.

No todos los elementos que tenemos que dibujar aparecen siempre "atravesados" por nuestra línea del horizonte. Pueden, por ejemplo, estar por debajo o encima por completo, y eso es lo que vamos a descubrir en la página doble siguiente.

Dirección de las líneas según el emplazamiento del objeto

Este esquema muestra los 5 emplazamientos posibles de un objeto en relación con la línea del horizonte: la parte más alta por encima y la más baja por debajo (1); todo por debajo (2); la parte más alta por debajo y la más baja exactamente en la línea del horizonte (3), totalmente por encima (4) y, para acabar, la parte alta más exactamente sobre la línea del horizonte y la más baja por debajo (5). ¡Uf!

En cuanto a las curvas, sucede exactamente lo mismo. Están las que se arquean hacia arriba (convexas) mientras se sitúan por encima de la línea del horizonte; las que se arquean hacia abajo (cóncavas) mientras se sitúan por debajo de la línea del horizonte, y las completamente rectas cuando se sitúan en la línea del horizonte.

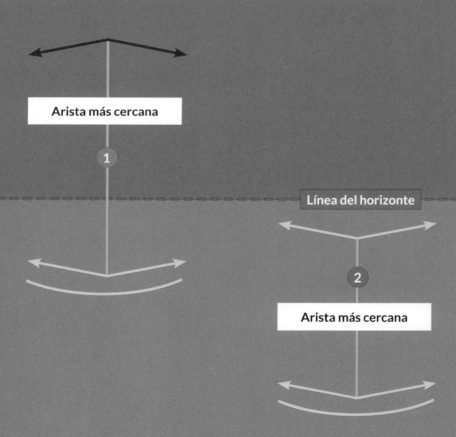

Arista más cercana

1

Línea del horizonte

2

Arista más cercana

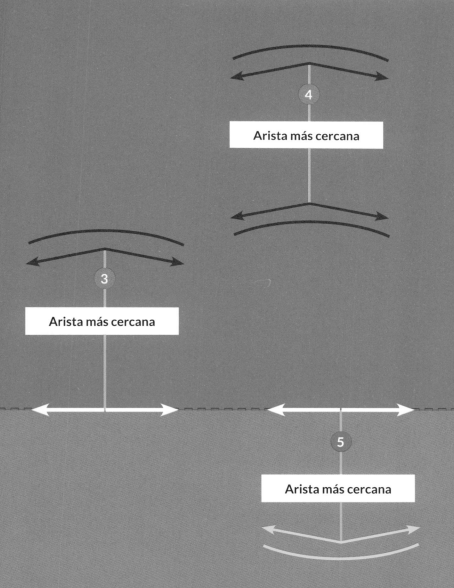

Parte por encima de mi línea del horizonte

Arista más cercana

Arista más cercana

Arista más cercana

Parte por debajo de mi línea del horizonte

Método para dibujar un edificio sin tejado a la vista

De entrada, decido en qué sentido oriento mi cuaderno: vertical (retrato) u horizontal (paisaje). Con un tema a lo alto no dudo y coloco el cuaderno verticalmente. Hay tráfico, estoy a la sombra: lo tengo claro, no quiero esperar más y decido dibujar de pie. Es mi primer dibujo en perspectiva, saco un lápiz e incluso una goma. Estoy preparado, ¡allá vamos!

1. Miro mi tema sin levantar ni bajar los ojos, mi mirada se dirige prácticamente por debajo de las ventanas de la fachada derecha, así que opto por situar ahí **mi línea del horizonte.** La trazo sin apretar en la parte baja del cuaderno.

2. **Busco la arista vertical** más cercana, que es la del centro; la dibujo bastante a la izquierda, de manera que la parte derecha queda libre.

3. **Coloco el lápiz en el extremo superior de esta arista** y observo dónde se sitúa la punta en relación con la línea del horizonte. Es un punto bastante por encima, así sé que la parte alta de las paredes a derecha e izquierda **DESCIENDE** hacia mi línea del horizonte. Trazo 2 líneas y empiezo a abocetar las 2 verticales de las paredes, pero todavía no llego abajo, puesto que no sé todavía la altura.

4. **Coloco el lápiz en la base de la arista más cercana** y observo dónde se sitúa la punta en relación con mi línea del horizonte. Dicho punto se encuentra por debajo, y así sé que la parte baja de las paredes a derecha e izquierda **ASCIENDE** hacia mi línea del horizonte. Trazo 2 líneas y prolongo luego las 2 verticales de los márgenes derecho e izquierdo.

Línea del horizonte, borde más cercano, parte superior e inferior de las paredes: **el orden en el que se construye el boceto es lo importante.** De nada os sirve, por ejemplo, trazar la arista más cercana y, acto seguido, uno de los laterales, ya que todavía no sabéis qué longitud darle a los bordes laterales. Para los que me preguntáis con frecuencia cuánto tiempo empleo en llevar a cabo tal o cual boceto: trabajar en este orden os hará ganar tiempo.

Os habréis fijado en que la parte baja de las paredes aparece oculta en gran medida por los peatones, los coches, los postes, etcétera. Sucede muy a menudo, y es el motivo por el cual, en la práctica, acostumbramos a dibujar los elementos en primer plano antes de bosquejar la base del edificio. Con más razón si decidís dibujar con rotulador, técnica que obliga a avanzar plano a plano.

Línea del horizonte

Método para dibujar un edificio con tejado

De nuevo, un tema a lo alto nos obliga a orientar el cuaderno en vertical. Aprovecho una tapia baja para apoyarme.

1. Como siempre, observo el tema sin levantar ni bajar la mirada, dirigida prácticamente a la altura del murete de la orilla. No importa demasiado si no es exactamente esta, ya me sirve, y opto por **situar a esa altura mi línea del horizonte.** Sin apretar, la trazo a lápiz en la parte baja de la hoja.
2. Busco la arista vertical más cercana, la del centro: la dibujo más a la derecha para dejar espacio a la zona izquierda.
3. Coloco el lápiz en el extremo de arriba de la arista y me fijo dónde se sitúa la punta en relación con mi línea del horizonte; así sé que **la parte alta de las paredes a derecha e izquierda DES-CIENDEN** hacia mi línea del horizonte. Trazo ambas líneas y a continuación las dos verticales de las paredes, puesto que en esta ocasión la base del edificio queda oculta por el muro del muelle.
4. De nuevo coloco la punta del lápiz en lo alto del borde y trazo **la línea de separación de los tejados.** Se trata de una línea oblicua; no me preocupo por el momento de la perspectiva y la dibujo tal como la veo. Me limito a observar si queda dentro del eje del borde (2) o si cae ligeramente a la derecha o a la izquierda.
5. Coloco el lápiz en lo alto de la oblicua y me fijo dónde se sitúa la punta en relación con mi línea del horizonte. De nuevo, el punto está bastante arriba, y sé, por lo tanto, que **las líneas que quedan por encima del tejado DESCIEN-DEN** hacia la línea del horizonte.

Salvo en el caso de que veáis poco más que los tejados (vista en picado), acostumbraos a dibujar siempre las paredes antes que los tejados. Tejado, ventanas y chimenea: todos estos elementos deben ser tenidos en cuenta como detalles que solo hemos de añadir después de crear las paredes. Toda la perspectiva está en el contorno de las paredes; el resto consiste simplemente en alinear los elementos siguiendo esa guía.

Por el momento, esta primera regla no nos ha permitido sino determinar en qué sentido orientar las líneas. Antes de hablar de otras reglas y de muchas otras cosas, hagamos una pequeña pausa con una serie comentada de bocetos arquitectónicos.

Línea del horizonte

Boceto en acuarela

Antes de abalanzaros sobre el pincel, adoptad
el hábito de reflexionar con cuidado qué colores
vais a utilizar y dónde los vais a poner. Aquí,
por ejemplo, he decidido limitarme a dos o tres
colores para las fachadas y dejar en blanco el
cielo y la parte de abajo del boceto. ¿Ha sido
buena elección? Lo único que está claro es que
esos blancos dejan respirar al dibujo.

Técnica de aguada

Esta aguada es una mezcla de agua y tinta china. Se trabaja como la acuarela, con los mismos pinceles y siguiendo el mismo principio: del gris más claro (mezcla más diluida) al negro más oscuro (tinta pura). El trazo puede hacerse o bien con pluma, o bien con rotulador, o bien con tinta permanente. Es una técnica excelente para pasar de manera gradual a la acuarela.

Efecto de profundidad

Una vez escojáis ubicación, pensad qué
vais a dibujar en el suelo, o por debajo
de la línea del horizonte. Aquí he decidido dibujar la pasarela en la parte alta de
la hoja dejando suficiente espacio para
trazar varias líneas de fuga: el murete y
la sombra en el suelo (sombra proyectada)
y la base de los árboles.

Regla número 2

Suben y bajan ¡y resulta que convergen en un mismo punto de fuga!

Regla número 2

En perspectiva, todas las líneas paralelas del tema convergen en un mismo punto de fuga, situado en nuestra línea del horizonte. Estas líneas son paralelas en la realidad, pero no en la perspectiva.

Una pequeña advertencia

Hasta ahora hemos aplicado deliberadamente la primera regla sin preocuparnos de qué inclinación damos a las líneas horizontales. En resumen, hemos dicho que a partir de la arista más cercana, por encima descienden y por debajo ascienden, y pegadas a la línea del horizonte permanecen rectas. Insisto: hay que respetar esta regla a toda costa.

Si hacéis subir una línea que debería descender, por más que apliquéis los conceptos de los que vamos a hablar en las próximas páginas no conseguiréis más que una falsa perspectiva. Vista al detalle, no funcionará. Al contrario: en un edificio que ocupe gran parte del dibujo, es muy probable que el error haga chirriar el conjunto.

Esta segunda regla es bastante distinta a la primera. Tal vez la apliquéis a rajatabla y terminéis llevando con vosotros una mesa de dibujo, hojas de 50 × 65 cm, regla y escuadra, etcétera. O a lo mejor consideráis que no os vais a poner a hacer planos de arquitecto y que os conformáis con respetar como mejor podáis la regla. Con la práctica veréis muy claro por qué vamos a escoger la segunda opción.

Un mundo de paralelas

Es sencillo: **vivimos en un mundo de paralelas.** En casa, en la calle, ya sea el mueble pegado a la pared o el edificio que se construye perfectamente alineado con los contiguos, todo está alineado y solo la naturaleza se desarrolla como y cuando quiere. ¿Qué diríamos si los bordes de este libro no fuesen paralelos?

Una cosa es segura: esta profusión de paralelas nos va a facilitar considerablemente la tarea. Basta con fijarse en qué líneas son paralelas entre sí, e inclinarlas más o menos de manera que todas puedan unirse exactamente en el mismo punto de fuga. Hay que decir que no estamos acostumbrados a identificar dichas paralelas.

Pequeño ejercicio

Si, por ejemplo, os pidiera que os fijarais con atención en esta página doble y que encontraseis al menos diez líneas horizontales paralelas, seguramente me señalaríais enseguida las de arriba y las de abajo del folio, así que ya tendríamos dos. Observad ahora los bloques y las líneas de texto. Todas las frases aparecen encerradas en rectángulos invisibles cuyos lados superior e inferior son también paralelos. En el interior de estos bloques, las líneas reposan sobre otras líneas invisibles, a su vez paralelas. Contando bloques y líneas, ya tenemos más de diez líneas paralelas.

Las sombras proyectadas siguen también las mismas reglas de perspectiva. La sombra proyectada del edificio de la izquierda converge exactamente en el mismo punto de fuga que todas las otras líneas horizontales de la propia construcción.

Pequeña gimnasia intelectual

A partir de hoy vais a tener que habituaros a una pequeña gimnasia intelectual consistente en detectar las líneas paralelas de vuestro tema. Advertimos sin dificultad que la parte superior e inferior de una ventana son paralelas. En lo que tal vez no reparamos al principio es en que si dicha ventana tiene diversos vidrios, el borde superior e inferior de cada uno también son paralelos.

Tampoco olvidéis que las líneas paralelas pueden encontrarse de la misma manera en el suelo e incluso en el techo. El parquet o un embaldosado, muebles y pósteres en la pared: os encontraréis con innumerables paralelas en las que uno no repara de buenas a primeras y que, sin embargo, son muy importantes para una representación en perspectiva.

Paralelas, líneas de fuga y puntos de fuga

Retomemos el edificio de antes y fijémonos en las paralelas de nuestro tema. No voy a señalarlas en cada caso, pero me referiré a las líneas paralelas horizontales. También hay verticales paralelas, pero por el momento vamos a dejarlas.

Vemos dos caras y *x* paralelas en cada una de ellas. Las principales paralelas son los márgenes superior e inferior de la pared (aplicable también a las ventanas). **En perspectiva, si prolongamos estas líneas en un principio paralelas, terminarán convergiendo exactamente en un mismo punto de fuga situado en la línea del horizonte.** A estas líneas las llamamos *líneas de fuga*, parcialmente representadas en azul y amarillo en el esquema.

Dos caras y, por tanto, dos puntos de fuga: uno a la izquierda y otro a la derecha. Dado que dichas líneas convergen en un mismo punto de fuga,

es lógico: cuanto más se aleja una línea de la línea del horizonte (extremo superior de las paredes), más pronunciada es su inclinación; y a la inversa: cuanto más se acerca, menos pronunciada es su inclinación (parte baja de las paredes).

En vista frontal, sabemos que no existe efecto de perspectiva alguno: todas las horizontales quedan planas. Una observación importante, puesto que significa que **cuanto más cerca está una cara de la vista frontal, menos acentuada es la inclinación de las líneas.** Aquí tenéis el mismo número de ventanas en ambas caras, si bien las de la izquierda parecen más estrechas. Esto se explica por el hecho de que nos encontramos más cerca de una vista frontal de la cara derecha que de la izquierda. Esta última la vemos de perfil, lo que llamamos en *escorzo*.

Punto de fuga 1

Aplicación teórica

En teoría, dibujar este edificio es sencillo. Comienzo por seguir la regla número 1: línea del horizonte, arista más próxima y el lápiz en el extremo superior del mismo. El punto queda por encima de nuestra línea del horizonte, de modo que sé que la arista superior de las paredes desciende.

Más adelante veremos cómo calcular el ángulo de inclinación. De momento me conformo con estimarlo, apoyándome en dos observaciones: estas líneas están bastante alejadas de mi línea del horizonte y, por tanto, la inclinación es relativamente pronunciada; la cara derecha está más cerca de una vista frontal, así que la inclinación es menor que a la izquierda.

Solo a partir de aquí comienzo a aplicar la regla número 2. Trazo la parte superior de las paredes y prolongo esas dos líneas hasta que cruzan en la línea del horizonte. La intersección de estas líneas me da la ubicación de los puntos de fuga.

Ahora coloco el lápiz en la base de la arista más cercana. Esta vez el punto se sitúa por debajo de la línea del horizonte, de modo que me limitaré a hacer que las líneas suban. Con los puntos de fuga localizados, ya no necesito calcular ni estimar los ángulos. Dado que las aristas superior e inferior de las paredes son paralelas, me basta con trazar líneas de fuga hasta los puntos de fuga. Lo mismo con las ventanas.

El problema es que **estos puntos de fuga muy rara vez quedan dentro del encuadre.** Sirva de prueba la foto de este edificio que ya me he visto obligado a reducir considerablemente para enseñaros dónde se sitúan los dos puntos. Ahora entenderéis mejor por qué os decía que para lograr una perspectiva perfecta hacía falta usar una hoja bastante grande.

Línea del horizonte

Punto de fuga 2

Aplicación práctica

¿Qué hacemos con los puntos de fuga que a menudo se salen de nuestro encuadre? Algunos dibujantes trabajan en grandes formatos y dibujan el tema a escala reducida, de manera que pueden colocar los puntos de fuga dentro de la hoja. Podéis hacer lo mismo, e incluso trazar las líneas de fuga con ayuda de una regla; así, desde luego, el resultado será perfecto.

Una segunda solución, mucho más libre, es **situar mentalmente dichos** **puntos de fuga** y dibujar simplemente intentando respetar la segunda regla hasta donde os sea posible. Espero que comprendáis la diferencia entre estas dos maneras de abordar la tarea, puesto que a menudo es esta segunda regla la que produce más desazón. Uno quiere hacerlo tan bien que al final termina por pensar en todo a la vez y hacerse un lío. La primera regla es obligada; la segunda hay que tratar de respetarla al máximo. Siguiendo este principio es como dibujaréis con rapidez y disfrutando.

Breve historia de un boceto

Hacía un día soleado y caluroso cuando descubrí este callejón de la parte baja de las Pendientes de la Croix-Rousse, en Lyon (boceto a continuación). Lo que me atrajo fue la luz, las fachadas iluminadas por el sol que contrastaban con las que quedaban a la sombra. El resto, sobre todo los elementos que integraban las propias fachadas (ventanas, canalones, rótulo, etc.), se puede decir que lo dejé un poco de lado. No los quise ignorar, claro está; al contrario: se trataba de detalles bastante importantes. Sencillamente me conformé con insinuarlos sin matarme mucho. Aquel día, idiota de mí, me olvidé la silla, de modo que me vi obligado a dibujar de pie, recostado contra un poste como un tonto. Con el cuaderno bien apoyado contra el pecho, sin demasiada estabilidad, me puse manos a la obra directamente en rotulador, así ganaba tiempo. Detecté mi línea del horizonte un poco por encima del final de la calle. Por encima de esta línea, mis líneas horizontales descenderían; por debajo, irían en ascenso. Esta es la regla que traté de tener en mente durante todo el proceso. En cuanto a los puntos de fuga, reconozco que me daban un poco igual. Sabía que todas las paralelas de mi tema debían converger en un mismo punto de fuga situado en la línea del horizonte, pero tampoco es que le prestara verdadera atención. Me limité a intentar que las líneas del suelo convergieran más o menos en un mismo punto. Comencé por el borde vertical a la izquierda de la farola. Determiné su altura y ubicación en el papel en función de lo que me interesaba dibujar. Luego lo de siempre: trazos desmañados, proporciones no muy exactas; avancé y hasta el final no pude decir si más me habría valido ir a tomar un café.

A cada objeto, sus puntos de fuga

Cuando hablo de un tema con dos puntos de fuga me refiero a que todos los objetos tienen líneas de fuga que convergen en los mismos puntos de fuga. **Si los objetos no son paralelos, cada objeto tiene sus propios puntos de fuga.** En la ciudad, como os decía antes, muchos elementos (edificios, aceras, calles, farolas, paradas de bus, etc.) se alinean según estas paralelas. En este caso, a menudo tendréis *x* objetos con idénticos puntos de fuga.

Pero si, por ejemplo, cogéis diez cajas de zapatos y las lanzáis por el salón de casa a la buena de Dios, lo más probable es que caigan sin orden ni concierto y no queden alineadas.

Es decir: cada caja tendrá sus propios puntos de fuga. De acuerdo, el ejemplo es disparatado y hasta absurdo. De igual manera, si os imagináis una vista panorámica de una ciudad, cada bloque de edificios viene a ser como una caja de zapatos. La única diferencia es que la alineación de estos bloques no es azarosa: generalmente estarán alineados con las calles y cada calle irá en una dirección distinta.

Antes de dibujar un objeto tenéis que plantearos dos preguntas: ¿dónde se sitúa el objeto en relación con mi línea del horizonte (regla número 1)?; dicho objeto ¿es paralelo a otros (regla número 2)?

Caso de una perspectiva con un punto de fuga

Cuando estáis en una calle que atraviesa un pasaje cubierto se puede decir que es como si os encontraseis en una especie de túnel. Lo que tenéis que dibujar se sitúa o bien en el suelo (calzada y acera), o bien a los lados (escaparates de tiendas, rótulos, etc.), o bien en lo alto (bóvedas, vigas, etc.). No solemos fijarnos en ello, pero prácticamente todas las líneas horizontales de dichos elementos son paralelas. Desde los lados del pavimento hasta el embaldosado o los azulejos que pisáis, pasando por la placa con el nombre de la calle fijada en una de las paredes, todas las líneas

son paralelas y convergen, por lo tanto, en un mismo punto de fuga.

A continuación, dos ejemplos clásicos de una perspectiva con un punto de fuga. Encontraréis: la línea del horizonte que divide el tema en dos partes, y las líneas de fuga por encima y por debajo, que convergen en forma de estrella en un mismo punto de fuga. Por si os es de ayuda, pensad que podéis comenzar por trazar una estrella con varias puntas para que os sirva de guía a la hora de alinear los objetos. De nuevo, todo depende del nivel de perfección que busquéis.

En la práctica, veréis que estas líneas son las más cercanas a la línea del horizonte, de modo que cuesta apreciar la inclinación (parte alta del andén de la izquierda). A menudo sentimos la tentación de inclinarlas cuando en realidad son casi planas, ya que están casi por completo a la altura de la línea del horizonte.

De arriba abajo

Pocas veces sabemos con precisión lo que vamos a dibujar en la parte baja de la hoja. No sabemos bien cuánto espacio vamos a ocupar y, además, lo que haya en el suelo raramente será nuestro tema principal. De ahí la importancia de empezar por la parte de arriba del dibujo y pensar más adelante qué vamos a representar en el suelo. Aquí, por ejemplo, me encontraba situado de tal manera que mi tema aparecía en gran parte tapado por una cortina de árboles; de ahí esos edificios cuya base queda cerrada por un trazo irregular que sugiere las copas de los árboles.

Arquitectura y acuarela: unos consejos

Seguro que habéis oído decir que la acuarela puede trabajarse de tres maneras: sobre una superficie previamente humedecida con agua limpia (para el cielo, por ejemplo), sobre fondo seco (para delimitar una superficie), y húmedo sobre húmedo cuando se quiere mezclar dos colores. La técnica que vais a poder utilizar depende, para empezar, del gramaje de vuestro papel. Un papel de acuarela (mínimo 300 g) admite todas las técnicas. En cambio, en un papel como el que uso yo aquí (140 g), el método de humedecer previamente el papel estaría más que desaconsejado. Este ejemplo demuestra, no obstante, que podemos emplear la acuarela en papeles menos gruesos, **basta con adaptar la técnica**, y eso es lo que vamos a descubrir en las próximas tres etapas.

El trazo

Para este tema he decidido trabajar el trazo con lápiz. También podría haber sacado un estilógrafo (0,1), pero me apetecía que los trazos se fundiesen más o menos con la acuarela. En cambio, aprieto al trazar y le saco punta al lápiz con frecuencia para detallar con facilidad. Al contrario de lo que se pueda pensar viendo tantos detalles, técnicamente esta clase de tema no es muy complicada. No hay una perspectiva real: basta con ser paciente y muy cuidadoso. Recuerdo haber empezado por la viga oblicua de encima de la torreta de la izquierda; un punto de referencia que he usado luego para ubicar el resto del tema. Os daréis cuenta de que también he aprovechado para marcar el contorno de las sombras principales.

Colores

Para asegurarme de trabajar con colores puros, empiezo limpiando la paleta con un trapo húmedo. Sé que al pintar el cielo y la vegetación perderé contraste, por eso dejo esas superficies en blanco. Preparo cantidad suficiente de color y lo aplico evitando pasar dos veces por el mismo sitio. Una vez seca la pintura, busco las superficies más pegadas y las repaso levemente con el mismo tono.

Sombras y contraste

Luz, luz, luz… La luz es, sin dudarlo, lo que os debe guiar a lo largo de todo el proceso de la acuarela. La luz es el blanco que dejamos aquí y allá en las partes expuestas al sol; pero las sombras no dejan de ser luz. Para este tema he optado por un color único de conjunto, una mezcla de marrón y magenta. He dado una capa siguiendo los contornos que había definido a lápiz.

Tomar medidas

Dado que nuestra vista no siempre es muy fiable, ¿cuándo y cómo tomamos ciertas medidas comparativas o de inclinación para ir sobre seguro?

Medir la inclinación

Hasta el momento, sabemos que las líneas suben o bajan dependiendo de su posición en relación con nuestra línea del horizonte, pero no sabemos cuánto: un poco, no demasiado, mucho… Para ello, vamos a ver una pequeña estratagema.

Preámbulo

En la introducción he utilizado deliberadamente los adverbios *poco* y *mucho* para dejar claro desde el principio que no vamos a calcular si los ángulos son de 34 o 35 grados. Una vez más: lo que nos interesa es obtener una representación que se aproxime cuanto nos sea posible a una perspectiva perfecta.

Ya lo hemos comentado: a veces la mirada nos engaña al **estimar la inclinación de las líneas.** Lo único seguro es que cuanto más frontal tenemos una cara, menos pronunciada es la inclinación de las líneas de fuga. Con las caras de perfil es con lo que realmente cuesta estimar la inclinación y donde vale más la pena llevar a cabo algunas verificaciones bien simples.

Cartabón móvil

La idea es fabricar una especie de cartabón móvil con dos trozos de cartón unidos por un remache, por ejemplo, o aún más improvisado, con un par de tarjetas de visita que sostendremos con el pulgar y el índice.

El principio es sencillo: con el brazo extendido, alinead una de las tarjetas sobre el lado vertical del objeto cuya inclinación queréis calcular. Con las dos manos, girad la segunda tarjeta de manera que se alinee con la pendiente (¡mejor que en la foto!). Para terminar, mantened en su sitio ambas

tarjetas a fin de no perder el ángulo que acabáis de calcular y transportadlo a la hoja.

¡Con tarjetas de crédito también funciona!

¿Cuándo tomar medidas?

En teoría, podríais olvidaros de todo lo que hemos hablado hasta ahora y serviros solamente de esta estratagema para representar todas las perspectivas de vuestro tema. Con este sistema, por lo menos (y si se usa correctamente) tendréis clara la perspectiva. Simplemente no tendréis que perder tiempo calculando todos los ángulos.

Tampoco hace falta abusar. Lo aconsejable, de vez en cuando, es usar el truco para los contornos del edificio principal del tema: un castillo, una casa, un piso, un molino, etcétera. Subrayo lo de los contornos (las paredes, si lo preferís) porque ya habréis comprendido que una vez trazados correctamente los contornos, el interior (ventanas, puertas, etc.) no hace más que acomodarse a la perspectiva.

Si lo preferís, podéis confeccionar este cartabón improvisado con dos trozos de cartón unidos por un remache o usar un metro plegable de madera.

Otro sistema

La inclinación de las líneas situadas bajo la línea del horizonte es muchas veces más difícil de evaluar que en las situadas por encima. Sobre todo las del suelo y sin volumen, como por ejemplo los márgenes de un camino, de un río o incluso de una superficie cubierta de césped en un jardín, etcétera. Si carecemos de verticales, el sistema de las dos tarjetas no nos sirve.

Sin duda, existen otras estratagemas. Yo, por ejemplo, hago mis verificaciones con el lado del cuaderno. Lo cojo y, con el brazo extendido, lo coloco horizontalmente a un lado de la línea de la cual quiero estimar el ángulo. Acto seguido, comparo a ojo esta horizontal con mi línea. Naturalmente, nunca estaré seguro de lograr una horizontal perfecta con el cuaderno, pero tampoco vamos a calcularlo nivel en mano.

Desconfiad siempre de las líneas que a primera vista nos sentimos tentados a inclinar o curvar cuando están muy cerca de la línea del horizonte y que, entonces, deben ser prácticamente planas por fuerza. Si, por ejemplo, os encontráis en la orilla de un lago, no tracéis la línea del fondo como una curva solo porque sabéis —y así queréis mostrarlo— que el lago es redondo. Dicha forma redondeada solo será visible si estáis muy por encima del tema, pero no situados prácticamente a ras del agua.

Cálculo de las proporciones

Si veis a un dibujante sosteniendo el lápiz con el brazo extendido, lo que está haciendo es comparar las dimensiones de un objeto (longitud o altura) respecto de otro para asegurarse de las proporciones de su tema.

En qué casos tomamos medidas comparativas

Igual que con las medidas de la inclinación, no vamos a estar comprobando las proporciones del tema continuamente. Veamos en qué casos concretos nos puede ser útil de verdad.

Comparación de anchura de la fachada:

Este es el cálculo que solemos efectuar sobre el terreno. El objetivo no es otro que comprobar si ambas caras de un edificio tienen la misma anchura o si la de la izquierda mide un cuarto, un tercio o la mitad que la de la derecha, por ejemplo. Esta comprobación es extremadamente útil para las caras que vemos de perfil, a las cuales tendemos a dar más profundidad (haciéndolas más anchas) de lo que conviene.

Caso de un plano extenso o panorámica:

Cuando abordáis una vista panorámica se os presentan dos opciones.

Podéis comenzar por la izquierda y dibujar los elementos según se van presentando hasta que no os quede más espacio en la hoja. Es el método más libre, ya que no tenéis que preocuparos realmente por la anchura de los edificios. Si los hacéis muy amplios, simplemente dibujaréis menos.

Si vuestro objetivo es dibujar desde un edificio hasta otro en particular, es entonces cuando tendréis que ser más cuidadosos con las proporciones, sobre todo con las anchuras. Insisto: todo depende en gran medida de la precisión que se busque. Muy a menudo me sucede que no dibujo un edificio porque no me cabe en el papel o bien porque considero que no aporta nada a mi composición.

Proporciones de un elemento en relación con su entorno

Si hay algo con lo que todo el mundo está familiarizado es con un coche. Sin necesidad de medirlo, independientemente del modelo que sea, sabemos enseguida el volumen que ocupa. Creo que se trata de una información que hemos almacenado en la memoria por comparación con otros elementos. Sabemos, por ejemplo, que un coche de perfil siempre es más ancho que una ventana corriente o que es más bien complicado aparcarlo en una habitación. No importa demasiado cómo dibujemos el coche: lo más importante es que el entorno cercano guarde las proporciones adecuadas. Es una puntualización también válida para las figuras humanas: un adulto mucho más pequeño que un coche chirría si los ponemos uno al lado del otro.

Proporciones y alejamiento

Si ponéis un dedo a unos centímetros de los ojos veréis que es bastante ancho en comparación con los objetos más alejados, que en realidad serían más grandes. Esto se debe simplemente a que **el tamaño de los objetos disminuye con el alejamiento**, otra regla importante de la que hablaremos más adelante.

Esto quiere decir que **todo lo memorizado a propósito de las dimensiones de un objeto queda alterado por la noción de *alejamiento***. Una figura humana a varios metros de nosotros, por ejemplo, será inmensa comparada con un edificio de apartamentos de 300 metros que ocupe el fondo. Lo mismo es aplicable a la hoja de un árbol que muy de cerca podremos dibujar mucho más ancha que el tronco de la que pende. Generalmente, dibujar pequeños edificios a lo lejos no implica ningún problema. Se entiende fácilmente que están lejos y, por lo tanto, tenemos que dibujarlos pequeños. Los objetos más próximos son los que nos resultarán un poco más complejos. Nos choca dibujarlos tan grandes porque estamos habituados a representarlos en pequeño. Un cálculo rápido con el lápiz nos permitirá dilucidarlo.

Calcular con el lápiz

Con el brazo extendido, mantened el lápiz en alto
sobre uno de los lados del objeto que queréis medir
y desplazad el pulgar para saber la anchura o la altura.
Acto seguido, comparad la medida con otra parte
del tema. Esta técnica se usa mucho para comparar
la anchura de las caras de un edificio, la anchura y
altura de un objeto o incluso la profundidad de un
sendero, de una calle, de un camino, etcétera.

Baldosas y perspectiva

La regla número 2, según la cual en perspectiva todas las líneas paralelas del tema convergen en un mismo punto de fuga, es clarísima en el caso de una superficie de baldosas. En la práctica, evitad trazar una cuadrícula para representarlas. Bastará con esbozar en perspectiva algunas baldosas cercanas, con más razón si se trata de una superficie en el suelo, que raramente es el tema principal.

Ejemplo de un boceto de la Place du Change, Lyon

Después de tantos datos técnicos, concentrémonos en cómo utilizo yo la perspectiva sobre el terreno con especial hincapié en el trazo. El trazo azul indica el movimiento del trazo de izquierda a derecha y las flechas rojas el sentido de la inclinación de las líneas junto al lado más cercano de cada edificio.

Con una línea del horizonte bastante baja, lo único que me interesa es fijarme en que la mayor parte del tema se sitúa por encima. Comienzo por el lado vertical del edificio de la izquierda y a continuación trazo la parte alta de la pared. Para saber en qué sentido he de orientar el trazo, me fijo dónde está el lado más cercano de esa fachada. Esta aparece a la izquierda (margen del papel) y por eso, a partir de dicho lado, la parte alta de la pared desciende hacia el ángulo del edificio. Para comprobar la inclinación podemos usar el truco de las dos tarjetas.

Prosigo por el edificio más bajo de la derecha. El extremo de esta línea me indica la posición del reloj del edificio central. Lo esbozo rápidamente y trazo el borde de piedra sobre el que reposa. Esta vez, por más que aparezca disimulado por detrás del edificio de la derecha, el lado vertical más próximo de este edificio está a la derecha.

Este borde desciende, por lo tanto, hacia la izquierda. La última línea me indica a qué altura he de trazar

el borde del edificio grande de la derecha. Por pura elección personal decido inclinarlo ligeramente a la izquierda, pero también podría haber considerado que esta cara está en vista frontal y hacer los trazos completamente rectos.

A continuación marco el contorno de los árboles, esbozo la silueta y las partes más visibles de la basílica de Fourvière. En perspectiva, me preocupo de arquear bien las curvas hacia arriba (convexas). Añado todos los detalles de las fachadas esforzándome sobre todo en atenuar la inclinación de las ventanas conforme me acerco a la línea del horizonte. Para acabar, trazo varias líneas discretas en el suelo.

Las claves para obtener un boceto logrado

▬ Abstraeros de todos los detalles para ver el tema como una simple distribución de bloques y masas.

▬ Buscad por sistema dónde se sitúa el lado más próximo del edificio que queréis representar.

▬ Añadid los detalles de las fachadas que os parezcan más interesantes.

▬ Trabajad con libertad sin obsesionaros con los puntos de fuga.

Estructura y orden de los trazos

Tomando como ejemplo esta casa, veremos que toda la perspectiva recae, de hecho, en las 4 líneas azules que constituyen la estructura de nuestro dibujo. En orden de trazos: la arista vertical más próxima (1); las dos líneas de la parte superior de las paredes derecha e izquierda (2 y 3); y, para acabar, la que separa las caras del tejado (4). Para trazar el resto de las líneas basta con preguntarse con qué línea de mi estructura será paralela cada una. De ahí la importancia de trazar las líneas en el orden correcto. No dibujéis las tres verticales de las fachadas antes de las dos horizontales de la parte superior de las paredes. Efectivamente: la inclinación y la longitud de estas líneas horizontales os indicarán a partir de qué punto tenéis que dibujar las verticales, y no al revés. Si respetáis este orden, ganaréis un tiempo considerable.

Aprovecho esta ilustración para que veáis que si bien los bordes de un tejado son paralelos, en nuestro dibujo convergerán en un tercer punto de fuga situado en una zona del cielo.

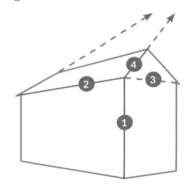

Precisión del trazo

De entrada, la precisión de los trazos es cuestión de gustos. A algunas personas les encantan las cosas muy precisas, mientras que otras, por el contrario, le dan más importancia a la espontaneidad. Aparte de la elección personal, podemos hablar de la experiencia y de la herramienta empleada, aunque también de criterios más específicos de nuestra actividad: la comodidad durante el trabajo, el tiempo del que disponemos, el formato, el clima, etcétera. Es evidente que no hacemos lo mismo estando cómodamente sentados en el despacho que de pie en medio de la calle. Dibujar como más os gusta, cosa que os recomiendo, supone evitar cambiar el estilo durante un dibujo. Si vuestros primeros trazos son muy rectos y finamente detallados, es posible que quede raro pasar de repente a trazos muy torcidos. En cambio, si desde un principio dibujáis de manera más libre y vuestro estilo es más lanzado, la cosa no resultará chocante.

Sobre las ventanas

Vais a dibujar ventanas muy a menudo y, si bien son una parte un tanto enojosa del dibujo arquitectónico, es muy importante no dejar las fachadas vacías. Ved cómo procedo paso a paso para dibujar una ventana relativamente cercana. Empiezo por trazar una parte del contorno (**1**), después el alféizar (**2**) y los bordes interiores (cristales y parte izquierda) (**3**). Insinúo los adornos de la barandilla con una especie de zigzag (**4**), a continuación paso a la persiana y los montantes (**5**). Para terminar, saco un rotulador denso y oscurezco los cristales, dejando algunos blancos para conseguir el efecto del reflejo (**6**). Fijaos que utilizo exactamente la misma técnica para toda una hilera de ventanas.

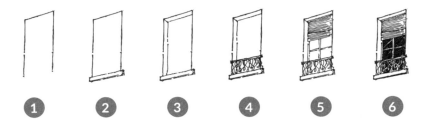

Otros detalles de las fachadas

Ventanas, canalones, adornos, balcones, postigos, rótulos, chimeneas, grafitis… estad atentos a todos estos detalles que contribuyen al conjunto, sobre todo en primer plano. Importa menos si los trazos son irregulares; dibujadlos, es importante. En cambio, evitad añadir demasiados detalles de fondo. Si lo hacéis con rotulador, os arriesgáis a oscurecer las fachadas y perder profundidad.

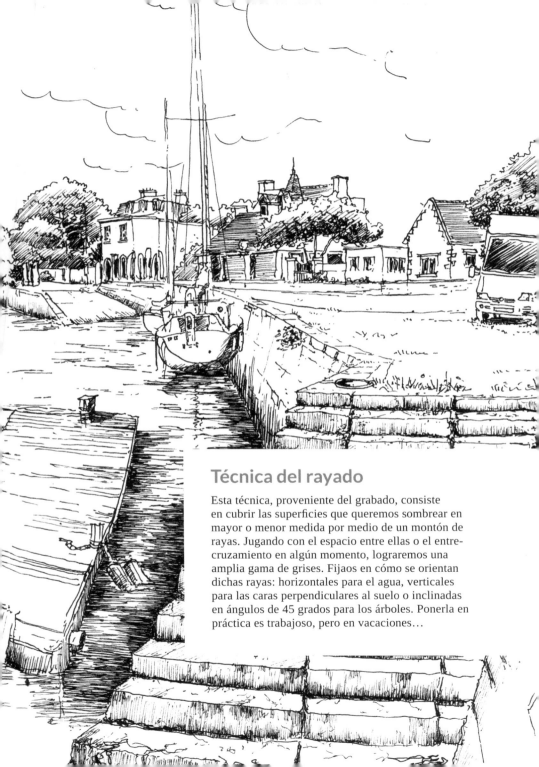

Técnica del rayado

Esta técnica, proveniente del grabado, consiste en cubrir las superficies que queremos sombrear en mayor o menor medida por medio de un montón de rayas. Jugando con el espacio entre ellas o el entrecruzamiento en algún momento, lograremos una amplia gama de grises. Fijaos en cómo se orientan dichas rayas: horizontales para el agua, verticales para las caras perpendiculares al suelo o inclinadas en ángulos de 45 grados para los árboles. Ponerla en práctica es trabajoso, pero en vacaciones…

Perspectiva y profundidad

Cómo conseguir una sensación de cierta profundidad y así ofrecer más detalles para explorar.

Traducir la profundidad

Para obtener un resultado más realista, es importante que adaptéis vuestra manera de dibujar o pintar a la distancia que os separa del elemento que representar. Tal vez queráis acentuar el efecto de profundidad; en ambos casos, no se trata de algo demasiado complejo.

Incidencia del alejamiento

El alejamiento incide directamente en el tamaño, el tono, la nitidez y la manera de abordar la perspectiva lineal de un objeto. Si trabajáis todos los planos sin fijaros en estos fenómenos, aunque no es obligatorio, es posible que el conjunto os quede demasiado plano.

Incidencia en el tamaño de los objetos:

Ya lo hemos hablado antes: el tamaño de los objetos disminuye conforme nos alejamos de ellos. El ejemplo más habitual es el de una hilera de postes (véase el boceto más arriba), donde el último parece mucho más pequeño que el primero. Por lo tanto, dibujaremos los botes **cada vez más pequeños, cada vez más estrechos y cada vez más juntos.** Otro clásico de la ciudad: las ventanas de una fachada vista de perfil. Las más alejadas tendrán que ser menos anchas y menos altas que las que nos queden más cerca. No olvidéis que también podemos plantearlo a la inversa. **Un objeto de pequeño tamaño bastante cerca de vosotros será inmenso en el dibujo.** Con el brazo extendido, calculad someramente con el lápiz para comprobar lo que digo.

Incidencia en el tono de los objetos:

A causa de las partículas de polvo y humedad suspendidas en la atmósfera, **los elementos más alejados pierden progresivamente su color original** para adquirir un tono más o menos azulado, similar al color del cielo.

A este fenómeno se lo denomina *perspectiva atmosférica*. En blanco y negro traduciremos dicho fenómeno por medio de un degradado progresivo, del negro del primer plano a un gris bastante claro de fondo.

A lo lejos, colores con dominantes azulados y violáceos.

Incidencia en la nitidez de los objetos:

Por mucho que tengamos una vista excelente, no siempre somos capaces de captar un objeto a muchos kilómetros con el mismo detalle que uno cercano. Por eso, ahora no haremos un degradado de valores, sino una especie de degradado de nitidez, con los contornos nítidos en primer plano y contornos menos precisos en el fondo. **Algunos dibujantes juegan con la densidad de los trazos de rotulador para acentuar esta impresión de profundidad:** trazos densos y bien marcados en el primer plano y trazos más finos para el fondo. Para ello, utilizan simplemente distintos grosores de minas, como aquí abajo, un marcador y estilógrafo.

71

Incidencia en la perspectiva lineal:

Cuanto más alejado esté vuestro tema, menos habréis de cuidar la perspectiva y más rectas podrán ser las líneas horizontales. Así será sobre todo cuando dibujéis la panorámica de una ciudad con, por ejemplo, un barrio comercial de torres y grandes bloques.

Volumen y profundidad

El tratamiento del volumen a través del color o la representación de sombras permite también acentuar el efecto de profundidad. En estas dos ilustraciones vemos claramente que si ambas caras son del mismo tono, el resultado es más plano que si refuerzo con el color la parte derecha.

Perspectiva y superposición

A partir de ahora, lo primero que tenéis que hacer es escoger bien el encuadre y la composición. Un arbusto que tapa parte de una casa y que a su vez oculta parte de una montaña a lo lejos da de inmediato profundidad a nuestro dibujo. Este **principio** de la **superposición** no tiene secretos: se trata simplemente de tenerlo en cuenta desde el comienzo y darle vueltas hasta encontrar el ángulo más interesante y no el que os parezca más sencillo.

Una superposición que podéis acentuar jugando con los contrastes o los colores.

Líneas de fuga en el suelo

Una calle, un camino, un sendero, un césped o, como aquí, una especie de muelle con baldosas, y de repente obtenemos un efecto de profundidad mucho mayor. Es más: hay que pensar desde un principio y tener cuidado de colocar los edificios cuanto más alto mejor en la hoja y, por supuesto, no hacerlos demasiado grandes.

Un puñado de líneas en el suelo dirigen la mirada hacia el fondo.

Distancia y detalles

La manera de abordar los edificios relativamente alejados depende de la importancia que deseemos darles en nuestra composición. En el boceto de aquí al lado, los faros y algunas casas que se advierten a la izquierda están en el segundo plano y, a la vez, son secundarias a efectos de composición. Este es el motivo por el cual he preferido insinuarlas con una simple silueta y tinta directamente azulada. En el boceto de abajo, la ciudad es el tema principal, y por eso esta vez las casas aparecen hasta cierto punto detalladas. Evidentemente, esto nos obliga a tener buena vista o a usar gafas y, desde luego, un lápiz bien afilado o, como es el caso, un estilógrafo.

Consejos, trucos y estratagemas

Pasemos ahora a casos particulares, a errores frecuentes y a todas esas minucias que vale la pena conocer.

Trucos y estratagemas

¿Hay un método para abordar el dibujo? ¿Por qué os equivocáis tan a menudo cuando toca dibujar la curva de un faro? ¿Cómo representamos la vegetación, cómo colocamos las figuras humanas en una escena, etcétera? ¡Aquí llegan los trucos y estratagemas de los dibujantes andantes!

No hagáis zoom con los ojos

El error que más se comete es dibujar en formato muy grande, sobre todo cuando el tema principal está bastante alejado: una casa en la orilla opuesta de un lago, un castillo en la lejanía, etcétera. En teoría, no son casos realmente complicados, simplemente no podréis dibujar todo lo que teníais previsto dibujar. Cuando la cosa se complica es cuando comenzáis a detallar el tema.

Imaginad que tenéis que dibujar una casa situada a unos 200 metros de distancia. Tal y como se ve en esta serie de bocetos rápidos, advertimos que cuanto más pequeña dibujo la casa, menos necesidad tengo de ser preciso en los detalles de la fachada. En la casa del extremo izquierdo, la fachada es tan pequeña que unos simples palitos bastan para sugerir las ventanas. Por el contrario, cuanto más amplío el tamaño de la casa, más obligado estoy a trazar formas que se parezcan a verdaderas ventanas. No sería un problema si no fuera porque

mi tema está lejos y no soy capaz de ver bien todos esos detalles. Y entonces acabo concentrando la mirada en el tema y efectuando una especie de zoom de las partes que quiero representar, lo que hace que el proceso se vuelva enseguida agotador.

Otra consecuencia que no debemos pasar por alto es que me llevará bastante más tiempo abocetar el mismo tema y me quedaré sin sitio para situar el tema en el entorno. Esto vale para los detalles, pero también para sombras y superficies sólidas.

Lo más sencillo es trabajar por aproximaciones a escala 1 (tamaño real calculado con el lápiz) y, con el primer trazo (la arista más cercana), vigilar que no os quede ni demasiado grande ni demasiado pequeño. **El dominio de las proporciones no es más que una cuestión de práctica, de modo que…**

Las curvas: torres, campanarios, faros, fuentes, etcétera

Curiosamente, a menudo cometéis fallos con la perspectiva de elementos tubulares, una torre redonda o un faro, por ejemplo. No olvidéis que nunca hemos de forzarnos a ver la perspectiva, sino pensar en la posición de las curvas someramente en relación con vuestra línea del horizonte. Por encima de la línea del horizonte, las curvas son convexas (curvadas hacia lo alto) y, por debajo, cóncavas (curvadas hacia abajo).
(Véanse páginas 28-29.)

Todas las curvas por encima de la línea del horizonte son convexas.

En un ámbito completamente distinto, la ropa también tiene formas más o menos tubulares. En esta postura, con una línea del horizonte bastante baja, la curva del cuello del personaje es convexa, y las de los bajos del pantalón, cóncavas. Encontramos curvas también en los troncos, los botes, la vajilla, etcétera.

¿Con qué utensilios dibujamos?

Lápiz, rotulador, bolígrafo, pluma, cálamo, lápices de colores… **lo más importante es que el utensilio que empleéis haga exactamente lo que le pidáis.** Si optáis por un dibujo a lápiz y después a rotulador, esbozad las líneas básicas del tema a lápiz sin borrar y sacad enseguida el rotulador para entintar los trazos y trabajar todos los detalles. Por mi parte, he aprendido mucho dibujando directamente en rotulador, simplemente porque eso nos obliga a estar más atentos si cabe. Pensad además en adaptar el tamaño de la mina al formato: 0,1 para un formato A6; 0,3 para A5; 0,5/0,7 para A4, etcétera.

Las etapas de creación de un dibujo

El método que os propongo aquí es válido para toda clase de temas. El objetivo es dividir la realización de un boceto en tres etapas: contornos, detalles y acabados.

Los contornos: Esta etapa es, con diferencia, la más importante. Consiste en trazar el contorno de los elementos principales de la composición (paredes de un edificio, silueta de un árbol, contorno de una superficie en el suelo, etc.) respetando al máximo lo siguiente: la perspectiva, las proporciones, la noción de los planos y, con ello, la profundidad. Esta etapa permite construir, en cierto modo, la estructura de la composición, y sobre estas primeras rayas a lápiz deberéis afinar el dibujo. De ahí la importancia de comprobar como mínimo la perspectiva antes de proseguir.

Detalles: Aquí, disfrutad. Rellenad las fachadas de ventanas y balcones, los tejados de chimeneas y alguna claraboya, dibujad las farolas, los semáforos, los coches, los peatones… en fin: todo lo que veáis.
Evitad simplemente sobrecargar el fondo y continuad dibujando solo el contorno de los objetos. Aunque veáis que un bote o un tronco están ensombrecidos, no hace falta que los oscurezcáis.

Acabados: Luz, materia, colores. En este estadio, nada os impide dejar a un lado el material y poneros a hacer otro boceto. ¿Hace falta añadir color, trabajar la luz y las superficies sólidas? De hecho, no hay reglas, y es cosa vuestra decidir si hay cosas que vale la pena perfeccionar o trabajar de otra manera. Habrá a quien le cueste prescindir del color, mientras que otros preferirán limitarse al blanco y negro; una elección bastante personal, por lo tanto. Ahora no puedo sino invitaros a que **no os limitéis a un solo estilo o técnica.**

Contorno: etapa esencial de preparación de la estructura del dibujo.

Detalles: relleno de fachadas y contornos más perfeccionados.

Acabados: trabajamos la luz, los contrastes, los volúmenes y las superficies sólidas.

Trazos discontinuos

Cuando dibujéis, adoptad la costumbre de hacer trazos discontinuos, un poco como si dieseis saltitos con el lápiz o el rotulador. No es nada del otro mundo, pero conseguiréis dar dinamismo a los espacios en blanco y conferir más vida al boceto.

Sobre los árboles

Volveremos a hablar de los árboles en un próximo número dedicado exclusivamente a este tema. Mientras tanto, acordaos de comenzar siempre y en cualquier caso por trazar el contorno de los árboles, arbustos y matorrales.

En un dibujo arquitectónico, lo que os interesa es mostrar que un árbol tapa parte de vuestro tema, y por eso **debéis trabajarlo como una masa vegetal.**

Para trabajar la vegetación de este dibujo he comenzado trazando el contorno de cada árbol y arbusto con cuidado de variar el estilo. Aunque, una vez lo tengo todo dispuesto, siempre puedo trabajar las sombras y las superficies sólidas de la vegetación.

Pabellón Véndôme, Aix-en-Provence

Figuras humanas y perspectiva

¡Ah, pues sí! También hay perspectiva al dibujar un grupo de personas. Atención: estas observaciones no son válidas más que en el caso de una superficie totalmente plana, un campo de fútbol o una plaza, por ejemplo.

Tal y como se ve en estos tres ejemplos, la ubicación de las cabezas y de los pies cambia según nuestra posición (de pie, sentados, tumbados) y, por lo tanto, cambia el nivel al que quedan nuestros ojos, o la **línea del horizonte.**

De pie (1), todas las cabezas quedan más o menos al mismo nivel y es la línea de los pies la que sube progresivamente hacia la línea del horizonte.

Sentados (2), nuestra línea del horizonte llega casi a media altura de los personajes. En este caso, la línea de las cabezas desciende progresivamente hacia la línea del horizonte, y la de los pies asciende.

Tumbados (3) (¡tras un largo día de trabajo!), son los pies los que quedan casi a la altura de la línea del horizonte, y la línea formada por las cabezas la que desciende.

En general, adoptad siempre el hábito de comprobar a qué altura colocáis las cabezas de los personajes. Comenzad por las figuras que tengáis más cerca y abocetad enseguida las que quedan más alejadas.

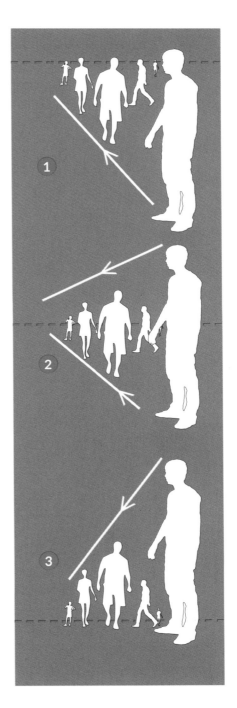

Tejados y chimeneas

Para evitar que el agua chorree por las paredes, los tejados sobresalen siempre un poco. Marcad bien este saliente; es más realista y le da más volumen a los edificios. No olvidéis tampoco que las chimeneas están coronadas por una serie de ladrillos que cumplen la misma función de visera arquitectónica.

El caso de un lago o un estanque

Solo por el hecho de que sepáis que una masa de agua es circular, que una playa forma bahía o incluso que el curso de un río se tuerce, no hace falta que curvéis los trazos. A no ser que os encontréis muy por debajo de dicha superficie —en la montaña, por ejemplo—, pero nunca si estáis al mismo nivel del tema. Sentados, estas líneas quedan más cerca de vuestra línea del horizonte y deben ser prácticamente rectas, en realidad.

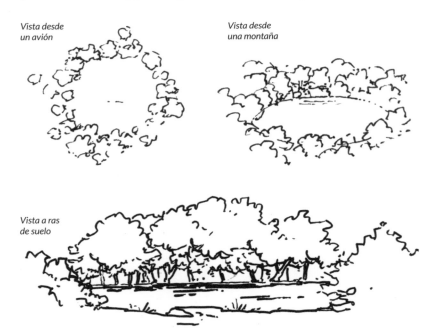

Vista desde un avión

Vista desde una montaña

Vista a ras de suelo

Los escorzos

Una cara vista de perfil siempre nos parece más ancha de lo que es en realidad. En esta foto de una de las estaciones de Barcelona, el tren rojo de la derecha tiene la misma longitud que el blanco del centro. Sin embargo, está claro que el escorzo del rojo es mucho más pronunciado que el del blanco. Lo que en una foto se aprecia con bastante facilidad no es tan exacto cuando nos encontramos de verdad delante del objeto.

Nuestro cerebro sabe que este tren consta de varios vagones, y eso nos incita a darle más profundidad.

De ahí la importancia de efectuar algunos cálculos con el lápiz y, en este caso, comparar la longitud de la cara derecha con la vista frontal del tren. En este ejemplo, la cara de la derecha mide poco más de la mitad de lo que mide la vista frontal.

Esos pequeños trazos relevantes

El primer dibujo muestra dos trazos horizontales que pueden representar tanto una pista de aterrizaje como una pared o mil cosas más. Sin embargo, a menudo resulta que tenemos necesidad de expresar el volumen de un objeto. La estratagema: añadir pequeños trazos sencillos e irregulares que sigan la forma del objeto o de la superficie. Así obtenemos estos temas: una pared, un talud con una pendiente suave o algo parecido a un tronco.

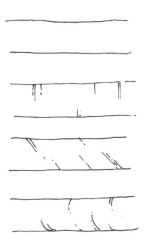

Un caso concreto: calles que suben o que bajan

Si aplicáis lo que vais a continuación, descubriréis que representar una calle que baja es de lo más complejo. La perspectiva no siempre basta, y hace falta echar mano de otros artificios, como las escaleras, para que nuestra mirada interprete correctamente la pendiente descendente. Veamos tres ejemplos.

En una calle llana, todas las líneas de fuga convergen en uno o varios puntos de fuga situados en la línea del horizonte. Si la calle es recta y todos los edificios aparecen alineados, tenemos una perspectiva clásica con un solo punto de fuga.

En el caso de una **calle ascendente,** todo lo que encontramos a cierta altura (parte superior de las paredes, tejados, ventanas, puertas, etc.) converge de nuevo en un punto de fuga situado en la línea del horizonte. Pero esta vez las líneas del suelo (parte inferior de las paredes y aceras) convergen en un punto de fuga situado POR ENCIMA de la línea del horizonte.

En el caso de una **calle descendente,** todo lo que tenemos a cierta altura (parte superior de las paredes, tejados, ventanas, puertas, etc.) converge siempre en un punto de fuga situado en la línea del horizonte. En cambio, las líneas del suelo (parte inferior de las paredes y aceras) convergen en un punto de fuga situado POR DEBAJO de la línea del horizonte.

Ejercicio

Coged una hoja de borrador y entreteneos solucionando este pequeño desafío: imaginaos una calle completamente recta y con cinco tramos:
el primero desciende,
el segundo es llano,
el tercero asciende,
el cuarto es llano
y el quinto asciende de nuevo.
O, si lo preferís, la calle desciende y luego sube, como una de esas escaleras con descansillos.

Variante:
el 1.º sube,
el 2.º baja,
el 3.º es llano,
el 4.º vuelve a subir.
Ojo: un tramo puede esconder otro tramo.

Consejos:

■ Comenzad trazando las superficies de cada tramo en perspectiva y acabad dibujando los edificios.

■ Tramo llano: los márgenes convergen en un punto de fuga situado EN la línea del horizonte.

■ Tramo ascendente: los márgenes convergen en un punto de fuga situado POR ENCIMA de la línea del horizonte.

■ Tramo descendente: los márgenes convergen en un punto de fuga situado POR DEBAJO de la línea del horizonte.

Calle llana: las líneas del suelo (en verde) convergen en la línea del horizonte.

Calle ascendente: las líneas del suelo (en verde) convergen por encima de la línea del horizonte.

Calle descendente: las líneas del suelo (en verde) convergen por debajo de la línea del horizonte.

Caso concreto: círculo y elipse

De hecho, es muy sencillo: una elipse es "el lugar geométrico de todos los puntos de un plano, tales que la suma de las distancias a otros dos puntos fijos llamados *focos* es constante" (*Wikipedia*). Bonito, ¿no?

En términos menos eruditos, diremos que una elipse es un círculo visto en perspectiva. De cara, el círculo es perfecto; de perfil, es más o menos achatado. Por mi parte, raramente empleo todas esas técnicas consistentes en servirse de un esquema previo para dibujar una forma precisa en perspectiva. Es eficaz, sí, pero no se adapta demasiado al dibujo en exterior y todavía menos si trabajamos con rotulador. Os enseño el truco,

de todas formas: lo que hay que recordar es que un círculo cabe dentro de un cuadrado y que basta con dibujar dicho cuadrado en perspectiva para obtener una idea más precisa de la forma de la futura elipse.

Comenzad por dibujar un cuadrado en vista frontal; luego seccionadlo con dos diagonales y dos medianas. Dividid a ojo la mitad de una diagonal en tres partes iguales y dibujad un nuevo cuadrado a partir del punto del primer tercio. Para acabar, dibujad el círculo siguiendo estos ocho puntos de referencia. Empezad de nuevo con el ejercicio, pero esta vez dibujad un cuadrado en perspectiva con los lados derecho e izquierdo convergiendo en un mismo punto de fuga. Fijaos en que las diagonales son las que os indican la perspectiva. Es útil para saber dónde situar el eje de una rueda.

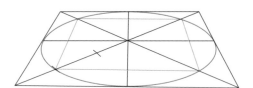

Ejercicio

Da lo mismo que no sepáis dibujar bien una bicicleta; el objetivo aquí es aprender a dibujar círculos en perspectiva, es decir: elipses. Desde varios puntos de vista. El primero: sentados muy bajo, la mirada a media altura de una bicicleta ligeramente

en diagonal. El segundo, siempre en diagonal: de pie y con la línea del horizonte por encima de la bicicleta. Dibujad a grandes trazos ambas bicicletas en perspectiva; da igual si os quedan un poco chapuceras.

Caso concreto: verticales en fuga

Hasta ahora hemos partido del principio de que las verticales siguen siendo verticales. Sin embargo, hay dos casos en los que podemos hacer que las verticales converjan. El primero se da cuando estáis al pie de un elemento muy alto y os veis obligados a echar la cabeza hacia atrás para dibujar el tema. En este caso, hacéis converger las líneas verticales en un punto de fuga situado en el cielo. Segunda situación: os encontráis por encima de un elemento inmenso y, esta vez, hacéis converger las verticales en un punto de fuga en el suelo. A algunos dibujantes les gusta este efecto, sobre todo a los de cómic, pero sigue tratándose de un caso bastante específico.

Más sobre figuras humanas

Después de ver cómo situar a nuestros personajes en una escena (véase página 83), centrémonos ahora en cómo representar cada figura en vista de tres cuartos, fijándonos en dos líneas: la de los hombros y el plano donde se apoyan los pies. Si unimos estas dos líneas con dos verticales obtenemos un rectángulo, y quien dice rectángulo dice perspectiva.

Estos dos monigotes os muestran cómo orientar dichas líneas según la ubicación del personaje en relación con vuestra línea del horizonte. No es más complicado que con el dibujo arquitectónico, solo hay que pararse a pensar.

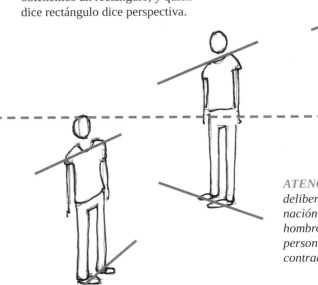

ATENCIÓN: he acentuado deliberadamente la inclinación de la línea de los hombros. La postura del personaje también puede contradecir esta regla.

Jugar con la perspectiva

Una vez hayamos asimilado por completo la perspectiva y, sobre todo, una vez hayamos llenado varios cuadernos de bocetos arquitectónicos, nos será posible inventar nuestras propias composiciones. Cuando la cosa se pone realmente interesante es cuando jugamos con la perspectiva para crear escenas un tanto insólitas y puntos de vista más difíciles de encontrar en la realidad. Los bocetos que veréis en este capítulo son todos inventados, y es fácil identificar cosas que ya he dibujado. Para los grandes formatos (A3) he comenzado por una serie de bocetos rápidos, con el fin de hacerme una idea algo más precisa de lo que iba a dibujar. Acto seguido, me he inspirado, he empezado a lápiz y luego he seguido con rotulador y, para uno de los dos, con acuarela. Cada dibujo me ha llevado varios días, no por la realización, sino por el proceso de volver atrás y reflexionar. El invierno nos mantiene entretenidos, nos hace trabajar la imaginación y, además, nos permite no perder la práctica.